SÉBASTIEN FAURE

LES ANARCHISTES
ET
L'AFFAIRE DREYFUS

Prix : 15 centimes

EN VENTE AU BUREAU DU *LIBERTAIRE*
5, Rue Briquet, Paris

PARIS
IMPRIMERIE LAFONT
5, Rue Briquet, 5
1898

SÉBASTIEN FAURE

LES ANARCHISTES
ET
L'AFFAIRE DREYFUS

Prix : 15 centimes

EN VENTE AU BUREAU DU *LIBERTAIRE*
5, Rue Briquet, Paris.

PARIS
IMPRIMERIE LAFONT
5, Rue Briquet
1898

LES ANARCHISTES
ET
L'AFFAIRE DREYFUS

Expliquons-nous

Ce qu'on a appelé « l'intervention des anarchistes » dans l'affaire Dreyfus a été, depuis quelques jours, l'objet de commentaires si nombreux, si inexacts, si contradictoires, et, quelques-uns si injustes, si malveillants, qu'il m'a paru indispensable de préciser les circonstances et conditions dans lesquelles des anarchistes ont jugé bon de prendre part à l'agitation provoquée par cette affaire.

On ne trouvera ici ni transcendantale philosophie, ni recherche littéraire.

Parlant à des hommes simples et droits, je n'ai qu'un seul désir : m'en faire comprendre; je ne poursuis qu'un seul but : m'expliquer franchement et clairement sur notre attitude. Je me bornerai à consigner ce que j'ai dit à la réunion du Tivoli Waux-Hall et au meeting de la salle Chayne.

Le lecteur pourra en outre consulter utilement les n°ˢ 108, 109, 110, 111, 112 et 113 du journal *Le Libertaire*.

Il verra que, dès notre entrée en campagne, nous avons écarté du débat les personnalités de Dreyfus et d'Esterhazy, que nous nous sommes placés à un point de vue beaucoup plus large et élevé; que, de la première à la dernière ligne, TOUT ce que *le Libertaire* a publié touchant cette affaire et ses « à-côtés » est anarchiste, RIEN QU'ANARCHISTE.

Est-ce une erreur judiciaire?

Tant que l'affaire Dreyfus est restée dans le domaine des « erreurs judiciaires » nous nous y sommes intéressés comme à tout fait du même genre, pas plus, pas moins.

Une femme proclame l'innocence de son mari condamné à la déportation perpétuelle. La famille et les amis de cet homme joignent leurs protestations à celles du déporté lui-même. Bernard Lazare d'abord, plus tard Scheurer Kestner, Monod, Zola et quelques autres personnes qu'on n'a pas l'habitude de voir s'exprimer à la légère quand il s'agit de porter atteinte au respect de la chose jugée, affirment qu'on se trouve en présence d'une horrible méprise ou d'une épouvantable iniquité.

Ça se corse

La presse s'émeut, des polémiques s'engagent. Des noms de personnages haut placés dans la hiérarchie militaire et gouvernementale sont prononcés avec persistance. La tribune parlementaire retentit d'interpellations sensationnelles. Un immense effort est tenté en vue d'imposer le silence aux protestataires.

Un commandant d'infanterie est dénoncé. Un lieutenant-colonel est rappelé de Tunisie. Une enquête est ouverte.

L'agitation augmente. Tout autre événement est relégué au second plan de l'actualité.

Le conseil de guerre se réunit, prononce le huis-clos partiel, et, acquittant le commandant Esterhazy dénoncé par Mathieu Dreyfus, confirme implicitement la condamnation du déporté de l'Ile du Diable.

On croit que le calme va renaître, que le silence va se faire. Point du tout. L'agitation continue, plus vive, plus tumultueuse que jamais.

Les passions politiques et religieuses entrent en scène. Un chauvinisme éhonté, un antisémitisme odieux se coalisent et font rage contre tous ceux qui posent des questions, réclament des explications, exigent la lumière.

L'émotion se généralise, l'ébullition gagne insensiblement les couches les plus profondes.

Emile Zola formule sous ce titre : « J'accuse » les présomptions qui hantent une multitude d'esprits.

Généraux, ministres, experts, témoins, journalistes, il englobe dans son émouvant réquisitoire, des hommes et des institutions que la bêtise et l'aveuglement des foules entourent d'une lâche vénération.

Formidable agitation

La fièvre atteint son maximum et l'agitation, maîtresse de Paris, se propage dans tous les centres importants de la province. Protestations, manifestes, appels, injures, menaces, sommations, meetings, manifestations dans la rue, cris de mort, bris de devantures, pillages de boutiques, placards, brochures; à tout instant, c'est un fait nouveau venant s'ajouter à la liste déjà considérable des incidents qui ont fait sortir de cet œuf: dénonciation d'une erreur judiciaire, cette formidable effervescence.

Les journaux s'enlèvent; on lit avec avidité les furieuses controverses que suscitent les rengaines sur l'honneur de l'armée, l'amour du drapeau, le respect de la chose jugée, le souci de la sécurité nationale, la guerre aux « sales juifs », l'accouplement pas banal d'un révolutionnaire assagi et d'un catholique militant.

Les restaurants, les cafés, les salles de réunion, la rue sont pleins du fracas des conversations passionnées; l'air est sillonné de bras qui se lèvent menaçants, tragiques.

Les partis s'affirment; les meneurs de l'opinion publique cherchent à l'égarer; dans l'entrechoc des passions, dans le tumulte des rivalités, un indescriptible affolement s'empare de l'esprit indécis des masses populaires.

Les amis d'antan se brouillent ; les ennemis d'hier se réconcilient.

Bref, c'est une extraordinaire poussée de brusques mouvements, de convulsions inattendues.

Situation révolutionnaire

Et chaque parti, chaque fraction même travaille à mettre à profit le trouble des cerveaux, l'anxiété des consciences, pour se poser en sauveur et dénoncer ses adversaires.

Les révélations, les articles de journaux, les enquêtes, les discussions, les indiscrétions ont mis en cause les personnalités les plus hautes et engagé les responsabilités les plus graves.

Qu'on est loin aujourd'hui de l'affaire Dreyfus proprement dite, c'est-à-dire de la question de savoir si cet ex-capitaine d'artillerie a ou n'a pas vendu à une Puissance étrangère des secrets intéressant la *défense nationale*! Qu'on s'inquiète peu, même, de la question de savoir s'il a été condamné en vertu d'une procédure régulière ou en violation des droits de la défense !

Dreyfus innocent ou coupable ? A part sa famille, ses amis et quelques rares exceptions, on s'en fiche pas mal!

Esterhazy coupable ou innocent ? Qui donc y songe actuellement.

Il s'agit bien de cela !

Où nous en sommes

A l'heure actuelle, l'affaire Dreyfus n'est plus l'affaire Dreyfus.

Elle porte à l'ordre du jour la question sociale toute entière avec ses complexités.

Il s'agit : pour les uns, de dénoncer les abus du militarisme, la désorganisation des services du ministère de la guerre, l'incurie de l'Etat-major, la corruption dans l'armée ; pour les autres, de défendre les chefs, de sauver de la méfiance l'organisation militaire, de couvrir la retraite des responsables, d'éviter au drapeau les souillures qui le menacent, de garder au cœur des foules abusées le culte de l'armée, symbole et instrument des luttes internationales nécessaires à la sauvegarde des dominations sociales.

Il s'agit : pour les uns, de poursuivre et d'intensifier les haines de races et religieuses, de ressusciter, sous prétexte de justice sociale, les exécrables mœurs de l'Inquisition et, avec l'appui du sabre, de les appliquer à une catégorie de parias, de maudits; pour les autres de résister à ce retour du moyen âge, de proclamer qu'il n'y a pas, qu'il ne doit plus y avoir de race maudite, de démontrer que la seule catégorie d'individus qui mérite la réprobation publique, c'est celle des détenteurs de l'Autorité économique, politique ou morale, quelle que soit leur race ou leur religion.

Qu'on lise attentivement les journaux, qu'on étudie le caractère et les tendances des manifestations actuelles, qu'on examine sans parti-pris, sans autre souci que celui de l'exactitude, l'état des esprits et la position des partis en présence, et nous avons l'assurance qu'on pensera comme nous.

Voilà donc où nous en sommes.

Que fallait-il faire ?

En présence d'une aussi grave situation, les anarchistes avaient à choisir entre l'une des trois attitudes que voici :

1° Se désintéresser *totalement* du conflit.

2° Prendre parti pour Dreyfus et ses amis contre Esterhazy et ses partisans ou pour ceux-ci contre les premiers ; entrer en conséquence résolument dans l'alliance Dreyfusarde ou Esterhazienne.

3° Enfin, ne pas rester totalement étrangers au mouvement, ne pas entrer comme affiliés dans la conspiration, mais se mêler à l'agitation et profiter d'un cas particulier et des batailles qu'il suscite, pour aborder le développement des thèses générales qui nous sont chères, mettre le public en garde contre les funestes emballements et dire ce que nous pensons, notamment de la justice militaire ou civile, de l'armée, des chefs, du patriotisme, des religions, de l'antisémitisme, de la presse, de l'opinion publique.

Je vais établir que nous ne pouvions prendre aucune des deux premières attitudes et que nous nous en sommes bien gardé ; ensuite, que nous avons pris la troisième et que nous le devions faire.

Première attitude

Devions-nous, pouvions-nous nous taire? Fallait-il donc que les anarchistes restassent les bras croisés? Devaient-ils assister, impassibles, à un tel spectacle?

Ne sont-ils pas ce qu'il y a de plus conscient, de supérieur dans l'humanité ? Et fallait-il qu'ils demeurassent sur la rive, regardant indifféremment passer le flot, le flot qui peut les emporter, eux les tout premiers?

Impuissance de la philosophie

Gravir les pentes qui conduisent aux altitudes sereines de la pure philosophie, se réfugier sur les sommets, loin de la fange des hypocrisies politiques et religieuses, c'est une attitude, certes ! Et cette attitude nous plaît à ce point, que nous nous sommes parfois, souvent même, attiré de la part de certains amis le reproche de nous y trop complaire.

Mais il serait étrange que le reproche d'agir aujourd'hui, de nous mêler au mouvement, de nous jeter en plein dans la bataille et d'y frapper d'estoc et de taille, nous vînt précisément de ceux qui nous font, en temps ordinaire, un crime de nous isoler dans les brouillards de la métaphysique, de nous draper dans les nuées de l'idéal !

Ces régions flottantes peuvent abriter une élite; elle ne saurait former un asile suffisant aux aspirations et aux besoins cérébraux des multitudes. Celles-ci vivent au jour le jour ; leur esprit travaille sur l'actualité qui passe ; les idées et les sentiments des foules se font et se transforment, non par des considérations de théorie pure, qui groupent les phénomènes et les synthétisent sous forme de conclusions, mais par l'analyse constante des faits qui se succèdent, des évènements qui se heurtent, des idées qui s'entrecroisent.

Le parti de la rue

Philosophes ? Sans doute, les anarchistes le sont et dans le meilleur sens du mot ; mais ils sont encore, ils sont surtout des hommes d'action. Il sont le *parti de la rue*. Quand les commotions électriques de l'enthousiasme ou de la révolte convulsent la rue, la place des compagnons n'est plus dans leur logis, mais dehors, avec la masse frémissante et bouleversée ; non pour la diriger, mais pour l'éclairer, non pour abuser de ses candeurs, de ses ignorances ou de ses engouements, mais pour convertir ses faiblesses en forces.

Il est déplorable que la foule, au lieu de se dresser menaçante contre les institutions qui l'oppriment et l'affament, en soit encore à s'émouvoir pour des intérêts moins immédiats. Autant que quiconque nous le regrettons, et c'est pour orienter sainement ses mécontentements, ses colères, ses énergies latentes, qu'il importe de ne pas l'abandonner à ses hésitations ou découragements, de ne pas la laisser livrée aux entreprises des ambitieux et des imposteurs.

C'est encore dans le but de la pénétrer insensiblement des ardeurs qui nous dévorent que nous devons mettre à profit ces heures, trop rares hélas ! dans nos sociétés finissantes, où sa vie cérébrale centuplée s'ouvre aux enseignements de la raison, où ses nerfs fortement surexcités se laissent gagner par la fièvre de l'action.

Qui méconnaît la portée souvent décisive de ces minutes redoutables ignore la psychologie des foules et ne tient pas compte des expériences de l'histoire.

Donc, en présence d'une aussi formidable agitation, nous ne pouvions songer à égrainer le chapelet anarchiste et nous en remettre à *Sainte Révolution sociale* du soin de faire nos affaires.

Deuxième attitude

Devions nous entrer dans le complot Esterhazy ou la conspiration Dreyfus ? Pouvions nous prendre résolument parti pour celui-ci contre celui-là, ou pour le premier contre le second ?

Pour Esterhazy ?

Nous déclarer pour Esterhazy était impossible. Pendant tout le temps qu'il est resté en cause, il a joui d'une protection éhontée. Ministère de la Guerre, État-major, Conseil d'enquête, Conseil de guerre, presse, opinion publique, il a eu tout pour lui.

Cet individu est et reste officier. Il porte encore l'épaulette et l'épée. Demain, en cas de guerre, il précipiterait les prolétaires Français contre les travailleurs Allemands. Demain, en cas de révolution, il ferait tout pour nous massacrer nous et nos camarades en insurrection.

Il est avec les riches, les puissants, les mitrailleurs. C'est notre ennemi.

Pour Dreyfus ?

Nous ne saurions trop répéter ce que nous avons dit et écrit de Dreyfus.

« La personnalité de Dreyfus m'est indifférente.
« Comme officier, il appartenait à cette caste d'indi-

« vidus qui commanderaient le feu contre moi et mes
« amis demain, si, demain, la révolte s'affirmait hau-
« taine et vengeresse contre l'hypocrite pourriture
« de l'Autorité. A ce titre, il m'est plutôt antipa-
« thique ». (*Libertaire* n° 108, 1re *page, 2e colonne*).

Mais Dreyfus a été dégradé ; on lui a arraché ses
épaulettes, on a brisé son épée ; il est frappé d'une
peine perpétuelle : plus jamais il ne doit être
officier ; toujours il doit rester paria :

« Nous avons dit assez haut et assez net, aussi
fréquemment que l'intolérance policière nous l'a
permis, combien la patrie, l'armée, le drapeau, étaient
à nos yeux, mêmes iniquités sanglantes dont nous
poursuivons la destruction.

Un capitaine ne nous intéresse pas plus qu'une
patrie quelconque et nous avons du respect de l'un
et de l'autre un aussi tenace mépris.

Mais un homme condamné de la façon la plus
fantaisiste par une *justice* sur laquelle nous sommes
fixés !

Mais une race opiniâtrement méprisée, traquée et
dénoncée pour la mort, par d'autres hommes qui
vivent des mêmes vices et, pour le moins, ont le même
passé criminel à leur actif !

Cet homme et cette race en effet nous intéressent
dès lors. Leur sort de persécutés, commun de plus
en plus au nôtre, très naturellement et chaudement
nous passionne.

Autoritaires chrétiens ou juifs, capitalistes chrétiens
ou juifs, officiers chrétiens ou juifs, sont pour
nous pareils ennemis. Mais l'opprimé, quels que
soient son rang, sa tribu, son pays, devient notre
compagnon de misère, notre frère en douleur.

A celui-là nous ne demandons son nom, ni celui de
sa terre. Nous lui demandons de mettre sa main
dans la nôtre et de serrer ses rangs contre les nôtres.

Dreyfus est l'enchaîné de vos lois, Monde chrétien
et Société bourgeoise ! vous en avez fait le bouc
émissaire des turpitudes de vos armées, et, dans
son sang, voudriez laver les souillures de vos drapeaux.
 (*Libertaire* n° *113,* 1re *page, 4e et 5e colonnes*).

Cette situation de condamné, de paria, de victime
(et l'on sait que tous les forçats sont pour nous des
victimes et que nous tendons à arracher du bagne

tous ceux, indistinctement qui y pâtissent) cette situation suffirait à justifier dans une très large mesure, peut-être même entièrement — cette opinion est très soutenable — la pitié que pourrait nous inspirer Dreyfus et le secours que nous pourrions lui porter.

Quand un homme est tombé, quand il souffre, quand il se meurt, on ne lui demande ni sa nationalité, ni ses opinions politiques, ni sa foi, ni ses antécédents. On lui vient en aide, on l'arrache au danger, on le dispute à la mort.

C'est spontané, c'est bon, c'est humain.

Ni pour l'un ni pour l'autre

Et si nous vivions dans des temps où il serait possible de sentir et d'agir simplement en homme, (il est vrai qu'alors, il n'y aurait plus ni Conseils de Guerre, ni forçats) ce serait une joie profonde de vivre sa nature, d'écouter son tempérament, de suivre d'instinct les mouvements de son « moi ».

Mais notre époque, toute de lutte, de danger, de « qui vive » nous a si atrocement mutilés ; elle nous a systématiquement tant éloignés des impulsions naturelles et irréfléchies, que ce serait vraisemblablement demander trop au jeu artificiel de nos actions que de se conformer aux lois de nature.

Et puis, il n'y a pas que l'homme en nous, il y a encore, nous allions dire, il y a surtout l'anarchiste, celui qui abhorre l'uniforme, symbole d'autorité ou de servitude, celui qui exècre l'exploitation dont il crève, lui et ses compagnons.

Et l'anarchiste a pris sur l'homme qu'est chacun de nous un tel ascendant, l'idée nous empoigne, nous enveloppe, nous absorbe tant et si profondément que, à ce titre, nous ne pouvions nous empêcher de voir en Dreyfus comme en Esterhazy un représentant de l'armée, un défenseur de l'ordre bourgeois, un adversaire.

Voilà pourquoi nous n'avons plaidé ni l'innocence de l'un ni la culpabilité de l'autre, pourquoi nous ne nous sommes passionnés pour aucune des deux personnalités en cause, pourquoi nous sommes restés indifférents à la querelle tant qu'elle n'est pas sortie du cadre d'un procès personnel, pourquoi nous nous sommes tenus à l'écart de la coalition Esterhazienne et de l'alliance Dreyfusarde.

Reste la troisième attitude.

Troisième attitude.

Reste la troisième attitude.

Celle-ci consistait : d'une part à ne pas contempler, sans y participer, l'agitation; d'autre part à ne pas embrasser la cause de Dreyfus contre Esterhazy, pas plus que celle d'Esterhazy contre Dreyfus, mais à se mêler au mouvement pour y favoriser ou déterminer des courants libertaires, pour tirer de la situation provoquée par l'intervention des coteries politiques et des fanatismes religieux et patriotiques, tout le parti que des anarchistes pouvaient en extraire.

Cette attitude est celle que nous devions prendre, que nous avons prise.

Les conseils de guerre

Les dessous de l'affaire Dreyfus ont mis en lumière les scandaleux agissements de *la justice*, qu'elle soit rendue par des chefs militaires ou de simples pékins.

Les décisions des juridictions civiles n'ont pas échappé aux justes critiques qu'elles devaient soulever chez des hommes familiarisés, par les procédés scientifiques, avec la rigueur des analyses, des expérimentations.

Mais l'invraisemblable prestige dont jouit l'uniforme a réussi à élever autour des sentences prononcées par les conseils de guerre, un tel rempart de respect que grand est le nombre des inconscients qui, de nos jours encore, attribuent, à cette juridiction l'infaillibilité qu'ils refusent, à juste titre à la magistrature civile.

Quand il s'agit d'un arrêt prononcé par un groupe d'officiers, l'autorité de la chose jugée est si puissante, qu'il devient nécessaire d'affirmer et d'établir que soudards galonnés, aussi bien que porteurs d'hermine, sont exposés aux erreurs et disposés aux iniquités de commande.

Cette vérité nous l'avons proclamée dans nos meetings, dans ce journal :

Les membres du conseil de guerre ont prononcé conformément à leur conviction. Soit.

Mais est-il impossible — ainsi que tu le prétends — que leur conviction se soit égarée, qu'ils aient fait erreur ? En d'autres termes sont-ils infaillibles ?

Prends l'un après l'autre ces sept juges. Examine les successivement. En vois-tu un, *un seul* qui soit en état d'échapper à l'erreur ? Aperçois-tu un discernement, *un seul*, dont telle seraient la puissance et la certitude de pénétration que les portes en seraient toutes indubitablement fermées à l'insaisissable et subtile méprise, toujours prête à se glisser dans les jugements humains ?

Non, non ! tu ne peux découvrir ce Dieu — car c'en serait véritablement un — dans ce groupe. Tu sais bien que nul n'est infaillible.

Peux-tu me dire, alors, par quel mystérieux phénomène le tout contiendrait ce qui ne se trouve dans aucune des parties ? Peux-tu m'indiquer ce prodige : le total comportant autre chose que l'addition des unités ? Peux-tu concevoir et me faire comprendre par quel miracle a pu pénétrer dans cette collectivité une entité qu'on ne rencontre dans aucune des individualités composantes ?

Ignorant respectueux de la chose jugée, imbécile qui t'inclines devant l'autorité de l'arrêt rendu, réponds-moi... si tu peux !

. .

C'est une incontestable vérité que tout humain se trompe, peut se tromper. A moins d'admettre que — O folie ! — la nomination par un garde des sceaux et par un gouverneur militaire confère l'infaillibilité aux magistrats et aux officiers qui composent les tribunaux et les conseils de guerre, tout homme de bon sens doit être certain que la Justice peut se tromper, se trompe.

Sur aucun point, peut-être, les faits ne viennent plus nombreux et plus probants à l'appui de la théorie pure. Celle-ci déclare que ceux qui rendent la justice peuvent commettre des erreurs. La pratique démontre que celles-ci sont fréquentes et la raison proclame qu'elles sont innombrables.

On objectera que si l'on chasse ce respect de la conscience populaire, c'en est fait de la magistrature et de la justice ; que c'est la porte nécessairement ouverte à la révision de tous les procès ; qu'à côté de la magistrature dont, jusqu'ici, le rôle a été de condamner, il faudrait instituer une magistrature dont la mission serait de réparer les erreurs de la première, et que les conflits permanents entre ces deux puissances ennemies, détermineraient un intolérable désordre ; que ce respect est indispensable à la sécurité sociale, qu'enfin, sans l'autorité de la chose jugée, l'exercice de la justice deviendrait radicalement impossible.

Je le reconnais volontiers, d'autant plus volontiers que cette désorganisation de l'appareil judiciaire, dont le fonctionnement régulier dépend — on le voit maintenant — d'une pure absurdité, cette impossibilité de juger, en dehors de l'arbitraire, de l'incohérence, il y a des années qu'elle est tombée sous nos sens et que nous ne cessons de la dénoncer.

Le respect de la chose jugée chassé des consciences, la croyance en l'infaillibilité des magistrats expulsée des cerveaux, c'est le droit dénié à quiconque de s'ériger en juge, de poursuivre, de condamner, de châtier son semblable ; c'est la suppression des codes, des tribunaux, des prisons, des bagnes, de toute organisation répressive, de toute autorité sociale : c'est le triomphe de l'Anarchisme.

(*Le Libertaire* n° 110. — *1er et 3e colonnes*).

N'était-il pas urgent que ces choses fussent dites et ces vérités ne sont-elles pas de celles qui édifient la pensée anarchiste ?

Ne touchez pas à l'armée

Dreyfus appartenant à l'armée, l'émotion soulevée par la demande de révision de son procès ne pouvait manquer de déchaîner les colères — plus féroces que réelles — des braillards du patriotisme, des hurleurs de la *France aux Français*.

« Ne touchez pas à l'armée » est devenu une clameur aussi formidable que l'était autrefois celle-ci : « Ne touchez pas à la religion ! » que l'est encore cette autre : « Ne touchez pas à la famille ! »

Eh bien ! nous qui touchons à tout et ne nous en laissons pas imposer par les grands mots, nous qui avons fait justice en nous mêmes de toutes les vénérations idiotes, nous avons pensé que les révélations provoquées par l'affaire Dreyfus et les attaques dirigées, de ce fait, contre l'oligarchie militaire, l'intégrité des chefs, l'organisation des services et le culte sanglant « de la Patrie », nous avons pensé que ces circonstances nous fournissaient l'occasion d'exprimer hautement le mépris que nous inspirent les traîneurs de sabres et la haine que nous ressentons pour les idées de frontières, d'armée, de discipline de revanche et de conquête.

Mort aux juifs

Si le traître eût été chrétien, jamais sa trahison n'eût déchaîné d'aussi implacables colères. Mais il était juif et les hommes néfastes qui se sont donné la mission de ressusciter un passé qu'on aurait pu croire à jamais enseveli, de nous ramener aux jours maudits de l'Inquisition religieuse et de la Dictature militaire, se sont acharnés avec une fureur significative contre Dreyfus et quiconque a refusé de prendre part à leur odieuse campagne de flétrissure et de proscription.

Aux Drumont, aux Guérin, aux de Mun, aux de Pontbriant, aux d'Hugues, à toute la bande cléricale et réactionnaire, il a paru que l'occasion était exceptionnellement favorable à la propagande qu'ils mènent depuis dix ou quinze ans avec d'autant plus de succès et d'entrain, que leur perfidie n'a rencontré aucune résistance et qu'elle a su réveiller et rallier, sous le fallacieux prétexte de probité, de justice sociale et de sécurité nationale, tous les instincts d'oppression et tous les intérêts d'exploitation propriétaire, gouvernementale et religieuse

Confession

C'est un courage, de proclamer sa lâcheté, c'est une force de reconnaître sa faiblesse, c'est un acte de sagesse d'avouer ses erreurs. Eh bien ! nous n'hésitons pas à le confesser : nous avons eu le très grand tort de ne nous élever ni assez tôt, ni assez vigoureusement contre le courant antisémitique.

Que de fois nous avons entendu dire par des camarades : « l'antisémitisme nous indiffère ; c'est une querelle entre bourgeois qui ne nous regarde nullement ! » D'autres laissaient entendre et même déclaraient que la campagne antisémite leur plaisait fort et leur paraissait des plus utiles à la diffusion et au triomphe des idées libertaires. D'aucuns, enfin, eussent volontiers fait chorus avec la bande à Drumont et hurlé : « À bas les Juifs ! à mort les Youpins ! »

Et, grâce à l'indifférence des premiers, aux tacites encouragements des seconds et à la complicité combative des derniers, le courant antisémitique, entraînant dans sa course une partie des eaux prolétariennes, est devenu aujourd'hui un torrent impétueux dont il ne sera pas très aisé d'empêcher les ravages.

Notre excuse — on est toujours enclin à en chercher et habile à en trouver — c'est que, à l'origine, l'antisémitisme dissimulait avec coquetterie sa signification véritable.

Stratégie antisémite

Sous le vocable « la Juiverie », il frappait de coups redoublés cette bande cosmopolite de rapaces agioteurs, de spéculateurs insatiables qui récoltent dans le champ de l'universel labeur une scandaleuse opulence.

Pour enlever à cette protestation virulente contre le drainage savamment combiné de la production sociale et de l'épargne publique un caractère exclusif, les promoteurs du mouvement, tout en dénonçant les banquiers Israélites, s'offraient, de temps à autre, le luxe de morigéner les chrétiens qui flirtent — en Bourse et dans leurs salons — avec les adeptes du Talmud.

Interrogés et contraints à s'expliquer sur la question de savoir s'ils ne visaient, dans leurs imprécations, que le capital juif, les antisémites, tout en se faisant un peu tirer l'oreille, répondaient que leurs critiques allaient, sans distinction de race ou de confession religieuse, à tous ceux qui vivent d'agio et édifient, sur la ruine de tous, l'insupportable arrogance de leur fortune aussi prodigieuse que rapide.

Mais, en dépit de cette vague réponse, le clan antisémite continuait à livrer en pâture aux curiosités malveillantes de la foule, les noms des seuls juifs et à diriger contre eux seuls le mécontentement des exploités. Ce travail a été mené avec un art si consommé et une si complète réussite, que si vous interrogez dix personnes au hasard sur les noms de ces détrousseurs qui, dans le commerce, l'industrie ou la finance, vivent de rapines, ces dix personnes vous citeront, sans hésiter, des noms juifs et seront fort embarrassées d'y mêler des noms chrétiens.

La loi de l'Histoire

En opérant ainsi, l'antisémitisme a obéi à la loi qui régit tout mouvement historique dont le but laisse subsister le principe d'Autorité. Tous ces mouvements s'inspirent des colères jetées dans l'âme des foules par les souffrances et les iniquités qui les écrasent. Un groupe d'hommes se forme qui, exploitant ces colères et flétrissant les injustices, ameute la multitude contre les Maîtres du moment.

Ceux-ci supportent en une heure de représailles le juste faix des responsabilités encourues. Ils expient. Mais ils sont là, *les mauvais bergers*, qui ont déchaîné l'irritation contre les hommes-instruments et non contre les institutions responsables. Ils sont là, guettant le moment où ils se présenteront en sauveurs. La victoire a calmé les révoltes, maîtres du champ de bataille, mais habitués à obéir, les vainqueurs attendent de nouveaux chefs ; ils en appellent, ils en subissent et retombent sous le joug.

Quand, sous les cris de souffrances et les accents de révolte que lui arrachent les nouvelles exactions — continuation des anciennes — le troupeau se réveille et se cabre, il est trop tard. Les nouveaux bergers l'ont parqué, ligoté, enchainé derechef.

Bas les Masques !

Telle serait l'impasse où rêve de nous précipiter la poussée antisémite. On a pu réussir à cacher pour un temps le piège qu'on tendait aux ignorances populaires.

Mais les entrepreneurs de l'aventure antisémite ont commis l'imprudence de se laisser griser par leurs premiers succès. La confiance qu'ils ont puisée dans les résultats obtenus leur a enlevé toute mesure et, persuadés qu'il n'ont plus besoin de ruser, ils démasquent leurs batteries.

Aujourd'hui, l'antisémitisme se montre sans voile, avec sa face d'inquisiteur, ses doigts crochus d'usurier capitaliste et ses arrogances sanguinaires de soudard.

Aveugle qui ne s'en apercevrait pas.

Capitalistes Juifs ou Chrétiens

Ce n'est pas au cours de cette étude rapide que je veux examiner de façon sérieuse et complète les origines, le caractère, les tendances et les effets probables de l'antisémitisme. Je n'en parle, je n'en puis parler ici que très brièvement et dans le seul but d'indiquer les considérations que nous incite à développer notre attitude en l'affaire Dreyfus.

Économiquement, l'antisémitisme est un dérivatif dangereux.

Ce n'est pas la lutte contre le Capital : ce ne serait pas la fin de l'exploitation ; c'est l'expression de la concurrence entre capitalistes de races différentes.

Pendant des siècles, toute fonction publique a été formellement interdite aux Juifs. Sous le régime des anciennes corporations, la haine dont les poursuivaient les chrétiens les tenait à l'écart des travaux manuels. Traqués, bannis, persécutés mais doués pourtant d'une force de résistance peu commune, les Israélites ont cherché et trouvé dans le commerce, dans l'usure, leurs moyens d'existence. Disséminés à travers le globe, ils ont su établir entre eux, sans tenir compte des marchés nationaux, des douanes, des frontières, un réseau de transactions commerciales et financières qui les prédisposaient moralement et les outillait matériellement de façon supérieure en vue du régime capitaliste.

Leur prédominance est indiscutable et les disciples du Christ qui, pendant si longtemps, détinrent sans conteste tous les privilèges ne s'en peuvent consoler.

Ils ont gardé, il est vrai, la propriété du sol et ils restent encore les maîtres de l'industrie. Mais la finance possède cette souplesse, cette malléabilité, cette extrême mobilité qui prévaut, en capitalisme, sur toutes les autres forces et tend à les absorber.

Voilà pourquoi le capital chrétien infériorisé par le capital juif parle de spoliation et prononce le mot de restitution.

Spoliation ?

Juifs et chrétiens sont spoliateurs au même titre et avec la même férocité calculée, implacable. Banquiers, propriétaires, commerçants, industriels, chrétiens et juifs, pratiquent une identique exploitation, vivent des mêmes exactions, des mêmes rentes, des mêmes profits, des mêmes plus-values.

Restitution ?

Nous en sommes les plus chauds partisans. Qu'on fasse rendre gorge aux richards de la Juiverie. Bravo ! Mais qu'on vide en même temps les coffre-forts des usuriers chrétiens et protestants, que dans cette restitution, nul ne soit oublié ! Que tous : patrons, propriétaires, commerçants, rentiers, agioteurs, capitalistes petits ou grands, juifs ou chrétiens, protestants ou libres penseurs, croyants ou athées soient totalement dépossédés, pour que disparaisse toute possibilité d'oppression. C'est ce que nous voulons.

Mais c'est ce que ne veulent pas les avaleurs de sémites qui désirent tout uniment dépouiller les Israélites à leur profit et accroître d'autant leur propre force d'exploitation.

Seriez-vous moins pressurés, prolétaires, parce que vous le seriez au nom de l'Évangile qu'au nom du Talmud ? Seriez-vous moins volés, moins pauvres, moins accablés de fatigue et de misère, travailleurs, si le fruit de vos efforts allait au seul chrétien et non au capitaliste ?

Et alors ?....

Monarchie ou République ?

L'Antisémitisme n'abrite pas seulement un conflit économique ; il sert aussi de paravent à des compétitions politiques et ce que nous venons de dire des rivalités capitalistes s'applique très exactement aux luttes gouvernementales.

On sait, du reste, que l'État n'est que la forme politique de l'Autorité, comme la propriété n'en est que la manifestation économique. On sait en outre que le Gouvernement n'est que l'installation au Pouvoir de la classe capitaliste elle-même.

Eh bien ! la guerre entre chrétiens et juifs sévit sur les deux terrains à la fois.

Les anarchistes n'établissent pas de distinction appréciable entre les différents types gouvernementaux. Monarchie, Empire, République sont, à leurs yeux, des formes politiques idoines à des époques et à des milieux différents, mais engendrant mêmes misères et mêmes servitudes. Ils ont maintes fois établi par l'histoire et l'expérience, que l'exploitation et l'écrasement des multitudes se poursuivent aussi fatales et aussi intenses en République qu'en

Monarchie et que, des Maîtres élus ou imposés, il y a lieu de n'en préférer aucun.

Mais si, *économiquement*, c'est même chose pour le prolétaire que d'enrichir un capitaliste juif ou chrétien, si, *politiquement*, c'est même chose pour l'individu que de subir un gouvernement monarchiste ou républicain, il ne s'en va pas de même pour les Maîtres qui ne cessent de se disputer le privilège d'asservir et de pressurer.

Les partis politiques vaincus n'abdiquent jamais complètement et quand, leurs forces amoindries, leurs partisans diminués, leur organisation périclitant, ils ne se sentent plus de taille à mettre ouvertement le siège devant la forteresse du Pouvoir, ils recourent à la ruse et procèdent par surprise.

La tourbe réactionnaire

L'antisémitisme est, à l'heure actuelle, le mouvement en qui tous les débris déchus ont placé leurs suprêmes espérances de restauration.

Epaves royalistes, immondices plébiscitaires et napoléoniennes, résidus boulangistes et scories cléricales, toutes les saletés réactionnaires se sont donné rendez-vous dans cet égoût collecteur.

Secondée dans ses efforts, favorisée dans ses projets par la corruption et la lâcheté générales, cette tourbe de Césariens, qui va des catholiques militants à certains révolutionnaires en décrépitude, est secrètement encouragée par la bande de pseudo-républicains que dirige l'ex-communard Méline.

C'est au triomphe de l'homme de caserne et de l'homme d'église que tend cette infâme coalition de tous les coquins qui appellent un gouvernement fort, pour résister à la puissance toujours grandissante des cadres révolutionnaires, pour enrayer le développement indéniable de l'esprit de révolte.

Sabre et goupillon

Il est temps, pense-t-on dans les sphères conservatrices, que se resserrent plus que jamais et se fortifient les liens qui toujours ont uni le prêtre et le soldat : le prêtre dont la mission sociale est de cultiver l'esprit d'obéissance et de résignation qui assure le respect des lois et la sauvegarde des privilèges; le soldat, dont le rôle unique est de réprimer les soulèvements et d'étouffer les insurrections.

Association tenace, dont l'opiniâtreté a résisté à plus de cent ans de démocratie, ce qui démontre l'aveuglement et la naïveté de ceux qui ne comprennent pas l'enchaînement rigoureux de ces trois idées : *Gouvernement, Religion, Armée*, l'alliance imbrisable de ces trois tyrans : le Gouvernant, le Prêtre, le Guerrier : le gouvernant qui édicte *la Règle*, le prêtre qui glisse dans les consciences le respect et l'amour de celle-ci, le guerrier qui, dans la bataille que la Révolte livre à la loi, jette la force de ses canons.

Nous devions intervenir

Et c'est lorsque la pensée, déployant ses ailes, cherche à s'évader des régions ténébreuses où, depuis des siècles, la caste sacerdotale la tient captive; c'est quand une formidable rumeur sort de la poitrine des foules en expression de mépris contre les Etats-Majors et de dégoût contre l'oligarchie militaire; c'est alors que, laissant criminellement échapper une aussi magnifique occasion de flétrir et de combattre la coalition de l'uniforme et de la soutane, les anarchistes dépenseraient l'activité qui les caractérise en dissertations philosophiques, en abstractions spéculatives en contemplatives postures ?... et cela, sous le prétexte fallacieux — car il faut en revenir à notre point de départ — que l'affaire Dreyfus et l'agitation qu'elle soulève ne nous intéressent pas ?

Allons donc !

Importance de tout mouvement

Eh bien, si ! cette effervescence inouïe et prolongée nous intéresse.

En sociologie, comme en chimie, rien ne se crée, rien ne se perd. Dans la marche des humanités qui, sans interruption, se succèdent, tout s'enchaîne logiquement, fatalement ; et, de même que le moindre déplacement de molécule liquide entraîne dans l'immensité de l'Océan d'incalculables et successives pressions, de même que la plus légère vibration dans les plaines incommensurables de l'espace se transmet de proche en proche, à travers les couches atmosphériques, jusqu'aux distances les plus considérables, de même, dans la filiation des évènements à travers les âges, tous les faits s'enfantent mathématiquement les uns les autres, sans qu'il s'en perde une parcelle.

Si nous devions limiter notre effort, si notre but pouvait ou devait se préciser en aspirations restreintes, en revendications bornées, en résultats limités, si nous nous proposions de ne jeter qu'un fragment de vérité et de lumière dans ce monde d'obscurité et de mensonge où nous nous débattons, si nous assignions à l'horizon de bonheur et de beauté que nos yeux entrevoient des frontières qui le rapetisseraient, il nous serait, peut-être alors, loisible de négliger tout mouvement qui n'entrerait pas dans le cadre que nous nous serions tracé. Mais notre horizon n'a pas de frontières, c'est dans tous les coins du labyrinthe social que nous avons à cœur de porter le flambeau de la vérité, nos revendications sont sans limites, infinies sont nos aspirations, sans bornes est notre rêve, universel est notre effort.

C'est pourquoi, d'où qu'il vienne et où qu'il aille, tout mouvement nous intéresse.

Quel téméraire en saurait mesurer la profondeur et l'étendue ?

Réponse à quelques objections

Il ne nous reste plus qu'à répondre à quelques objections.

On nous dira : « vous avez beau vous défendre de « prendre parti en faveur de Dreyfus ; votre cam- « pagne ne lui est pas moins favorable. »

Eh bien, soit! Eh! que nous importe! Devons-nous regretter qu'un homme profite *immédiatement* des théories qui sont nôtres et dont l'application profitera, quelque jour, à tous ? Supposons que nous ayons contribué à arracher au bagne le déporté de l'île du Diable ? Ce résultat serait-il en désaccord avec nos vœux et le but que nous poursuivons ? Envoyer quelqu'un au bagne ou l'y maintenir, voilà qui est contraire à nos principes; mais libérer un prisonnier ou un forçat, c'est en parfait accord avec nos désirs. Sans doute, ceux-ci ne s'arrêtent pas là et ce n'est pas un condamné, mais tous indistinctement, que nous rêvons de rendre à la liberté et à la joie de vivre ; n'empêche qu'il ne saurait être regrettable que ce que nous voulons pour toutes les victimes des infamies légales fût accordé à l'une d'elles.

Lorsqu'éclatèrent les scandales du Panama, nous sommes-nous inquiétés de savoir si les politiciens de l'opposition cherchaient à en tirer parti ? Et fallait-il pas que nous nous privassions du plaisir de stigmatiser la corruption parlementaire, parce que la déchéance des partis atteints par cette flétrissure publique pouvait favoriser les visées ambitieuses de leurs compétiteurs ?

La vérité et ses conséquences

Au surplus, la vérité s'occupe-t-elle des conséquences qu'elle entraîne ?

En serions-nous encore, quand la lumière luit à nos yeux, à redouter son éclat ou à hésiter à la montrer à tous, parce qu'un indifférent ou un adversaire en bénéficierait, surtout quand nous en profitons nous-mêmes ?

Une des plus redoutables habiletés des puissants consiste à éloigner la conscience populaire des vérités que celle-ci commence à percevoir, en agitant le spectre des conséquences que pourrait comporter leur proclamation. Nos Maîtres ne luttent pas contre notre propagande en démontrant le néant de nos constatations et l'absurdité de notre idéal. Ils épouvantent les crédules et les ignorants par le tableau menteur des conséquences que provoquerait, disent-ils, le triomphe de nos doctrines.

La Vérité, elle, plane au-dessus de ces misérables ergotages ; elle n'a nul souci des résultats qui adviennent.

Un fait n'est pas exact ou erroné, suivant qu'il aboutit à des choses utiles ou nuisibles. IL EST. Et c'est notre honneur, à nous, en même temps que notre force, de n'envisager dans nos observations que l'exactitude en elle-même et pour elle-même.

Contre toute iniquité

C'est également notre honneur et notre force de protester contre l'injustice d'où qu'elle vienne et qui qu'elle frappe.

Nous sommes trop épris de vérité et nous avons un concept trop large de la Justice pour qu'il en soit différemment.

Avec raison, nous avons reproché aux bourgeois de garder le silence quand les nôtres tombaient sous les coups de l'arbitraire le plus odieux. Grande et justifiée fut notre indignation quand, sourds à nos appels, ils refusèrent de joindre leurs protestations aux nôtres.

De quel front pourrions-nous désormais faire honte à nos ennemis de ne pas élever la voix en faveur de nos amis, victimes de l'Injustice, si, le cas échéant, nous agissions de même à leur égard ?

Donnons-nous la joie de crier notre indignation, de flétrir l'iniquité, qu'elle qu'en soit la victime. Ce sera peut-être pour la foule une leçon et un exemple.

Le Huis clos

On nous dira encore : « pourquoi vous occuper
« du huis-clos ? Établissez-vous donc des distinc-
« tions entre les jugements de cette catégorie et les
« autres ? Discuter le huis-clos, c'est implicitement

« reconnaître la loi et reconnaître la loi, c'est
« anti-anarchiste »,

Notre réponse est simple. La voici :

Si nous protestons contre le huis-clos, ce n'est pas que nous reconnaissions le droit — sous réserves — de condamner. Nous savons et proclamons que la loi n'est que la consécration des prérogatives que les forts ont usurpés sur les faibles ; nous savons qu'elle sanctionne toutes les spoliations, tous les écrasements ; nous en répudions, en conséquence, toute application, quelle qu'en soit la forme.

Nous savons et proclamons que nul ne peut peser les actes, supputer les intentions, préciser les mobiles, déterminer l'ascendance exacte d'un geste, d'une parole, d'une impulsion, calculer les responsabilités. Nous dénions, en conséquence, à qui que ce soit la faculté de juger un autre.

Sur ce point notre conviction reste inébranlable.

Mais si l'application de la loi constitue toujours une iniquité, nous estimons qu'il y a des degrés dans l'iniquité et que le huis-clos est une aggravation.

« Car, le huis clos, c'est la voix étouffée, c'est l'impossibilité pour le pauvre être qu'étreignent les griffes judiciaires de présenter librement sa défense ; c'est la lettre de cachet, — la traîtresse, l'ignoble ! — sournoisement rétablie avec cette circonstance terriblement aggravante : la lettre de cachet avait un caractère nettement arbitraire, le huis clos se couvre des oripeaux de la légalité.

La clameur anarchiste a toujours protesté contre ce mode de jugement ; aussi notre réprobation contre le huis clos, s'appliquât-il à un ennemi, à un officier, reste entière.

De nos amis ont été frappés par cette arme louche ; nous-mêmes avons failli succomber, il y a trois ans, sous ses coups. Nous avons vomi notre indignation quand il s'est agi de nous et des nôtres ; nous la jetons à la face des juges aujourd'hui, bien qu'il y aille de la liberté, de la vie d'un homme qui ne nous est rien.

Le huis clos, on s'en est servi, on s'en sert, on s'en servira pour condamner les anarchistes ; il a permis de flétrir, de déporter un juif ; demain on peut le mettre à profit contre les socialistes, les radicaux, les pensées libres, les volontés hautaines — elles sont plus nombreuses qu'on ne le croit — contre tout ce qui vibre, sait et veut.

Ici, on invoquera la raison d'Etat; là, les intérêts de la Patrie; ailleurs, la saine morale; partout, la sécurité publique ou nationale. C'est ainsi que, demain, un gouvernement aux abois peut l'appeler à son aide contre tous ceux dont il voudra se débarrasser.

Le huis clos, c'est en conséquence la proscription, la prison, la peine capitale suspendues sur tous.

C'est abominable, c'est révoltant!

(*Le Libertaire*, N° 108, 3° et 4° colonnes. — Page 1.)

Le huis clos et la grève

Qu'on nous permette une analogie et que les camarades veuillent bien y réfléchir. Quand, sous l'impérieuse poussée des nécessités concurrentielles, un patron veut imposer une réduction de salaire ou une augmentation de travail à ses ouvriers déjà courbés sous le poids d'un labeur anormal et d'un salaire insuffisant, n'approuvons-nous pas hautement ces travailleurs, s'ils se réfugient dans cette forme de résistance dont la législation pourtant reconnaît la légitimité : la grève ?

Nous savons bien cependant et nous répétons à plaisir que le salariat est inaméliorable et que le seul remède aux maux dont souffre le prolétariat réside dans la suppression totale du salariat.

Mais le bon sens et l'observation nous ont également enseigné que le refus de subir une aggravation de misère et de descendre d'un degré dans l'échelle de l'exploitation constitue un acte de révolte capable de résister aux empiètements de l'insatiable Capital.

C'est pour ce motif que nous sommes, en pareille occurence, avec les grévistes contre le patron.

C'est pour le même motif que, tout en proclamant que la Loi est toujours inique et que le seul remède aux douleurs qui nous accablent réside dans la complète abolition de la Loi, nous protestons contre tout ce qui constituerait une aggravation de servitude ou d'arbitraire.

Danger des justices sommaires

Enfin, on ne saurait trop insister sur le danger qu'il y aurait à laisser le pouvoir prendre goût, par l'entraînement, l'impunité, ou l'indifférence publique, aux justices sommaires, aux exécutions, aux étouffements.

Au fond, le drame social roule tout entier sur cette action : la lutte séculaire entre les privilégiés du Pouvoir et de la fortune, et les opprimés et les pauvres.

Il se peut que, parfois, les rivalités politiques, les haines religieuses, les compétitions dynastiques, les concurrences financières, industrielles ou commerciales mettent aux prises les dirigeants entre eux, allument la guerre entre les Maîtres. Mais l'histoire est là pour démontrer qu'en fin de compte, de ces conflits, de ces discordes, ce sont toujours les pauvres qui font les frais.

Tôt ou tard, les bandits de la haute finance et les coquins qui mènent les foules et enchaînent les multitudes finissent par se mettre d'accord, et la réconciliation se fait sur le dos des éternels spoliés, l'apaisement se produit dans le sang des foules massacrées et sacrifiées.

Prenons garde !

Sachons que, par nature, l'Autorité ne vit, ne se développe que par la quantité de victimes qu'elle dévore ; ne perdons pas de vue que, à immoler des victimes, elle prend goût et s'entraîne à ces holocaustes et que, seule, notre énergie est de nature à contrarier et diminuer ses instincts de sauvagerie, ses appétits de férocité.

En plein moyen âge

Malgré les siècles qui nous en séparent, nous sommes encore en plein moyen-âge. La foi a été chassée de bien des cœurs, c'est vrai ; une foule d'esprits éclairés et judicieux ont secoué le joug des superstitions ridicules, c'est exact ; mais notre époque est restée saturée de religiosité, pénétrée de mysticisme.

A deux pas, de l'autre côté des Pyrénées, l'Inquisition promène ses instruments de torture comme aux jours exécrés des Dominique et des Torquemada.

Un peu plus loin, en Autriche, en Algérie, les haines engendrées et entretenues par le sectarisme religieux déterminent le massacre des juifs.

Plus loin encore, en Crète, en Arménie, en Turquie, des centaines de milliers d'êtres humains ont assassinés au nom du Coran et de l'Évangile.

Autour de nous, sous couleur de justice sociale ou de patriotisme, des hommes néfastes, ressuscitant la théorie des races maudites, hurlent la mort et tentent d'ameuter la masse abusée contre une catégorie de parias.

Les véritables parias

Ayons présent à la pensée que, au sein de la Société de sang et de boue où nous vivons, les véritables parias ce sont ceux qui, chrétiens ou juifs, ont voué à ce monde d'iniquité et de misère la haine que méritent ses crimes sans nombre.

Ne laissons pas revivre la sanglante théorie des races maudites : nous en serions infailliblement les premières victimes.

L'Apostolat libertaire

Répandons-nous à travers les multitudes. Animons les des convictions qui nous sont chères ; embrasons les des flammes qui brûlent en nous ; communiquons leur les haines qui nous rongent, les colères que nous ressentons, les rêves qui nous hantent, les espoirs qui nous soutiennent, les énergies qui nous impulsent.

Eloignons les des querelles dérivatives qui leur font perdre de vue leurs véritables intérêts et retardent l'heure de la délivrance.

Parlementarisme, armée, magistrature, clergé, fonctionnarisme, toutes les institutions s'effondrent dans la boue.

Propriété, patrie, gouvernement, religion, famille, toutes les croyances qui font la force de nos maîtres, s'écroulent dans la pourriture.

Le monde autoritaire le comprend et p... .. voix des gouvernants, par la plume de ses valets de presse, il commande de cesser le feu.

Ce désir, cet ordre de la bourgeoisie au Pouvoir nous dictent notre conduite : continuer le feu, entretenir l'agitation. Si cette effervescence déplait aux Maîtres, elle doit nous plaire ; si elle dessert les intérêts des bourreaux, cette considération suffit pour que les victimes aient l'assurance qu'elle favorise le succès de leur cause et la propagation de leur idéal.

Une dernière objection

Plus qu'un mot.

Les gens qui, sans convictions d'aucune sorte, ignorent la force qu'ont celles-ci et la joie qu'elles confèrent, ne manqueront pas d'avancer que nous pourrions bien être de ce fameux syndicat qui répand l'or, paraît-il, à pleines mains. D'autres, animés de convictions aussi ardentes que les nôtres, exprimeront la crainte qu'on ne nous suppose payés par ledit syndicat.

Imbéciles ! dirons-nous aux premiers, croyez-vous qu'il y ait véritablement un syndicat ? S'il existait, s'il possédait les ressources énormes que votre imagination prodigue lui attribue, pensez-vous, pouvez-vous penser un seul instant qu'il n'aurait pas, depuis longtemps, acheté tous ces individus qui détiennent la presse, qui forment le parlement, qui façonnent l'opinion publique et qui sont tous à vendre ?...

Aux autres, nous répondrons: pouvons-nous désarmer le parti pris et la mauvaise foi ? Faut-il s'incliner devant l'opinion et se conformer à ses injonctions ? Le bien, le mieux n'est-il pas de les braver et de suivre sa route sans tenir compte des calomnies des fourbes, des perfidies des méchants ?

Et si nous nous taisions, ne pourrait-on pas prétendre que notre silence est payé ? Et si nous allions à travers le peuple, l'incitant à « ne pas s'en mêler », qui donc empêcherait de soutenir que nous avons reçu des cléricaux et des antisémites la forte somme pour que la rue leur soit laissée et que la voie leur reste ouverte sans obstacle, sans résistance ?

N'a-t-il pas été maintes fois affirmé que les anarchistes sont stipendiés par le gouvernement ?

Les socialistes parlementaires n'ont-ils pas répété jusqu'à plus soif que nous faisons le jeu de la réaction qui nous paie ? Et ces infamies — stupides et pourtant accréditées dans nombre de milieux — nous ont-elles refroidis ou découragés ?

Que seraient donc la fermeté et l'ardeur de nos sentiments si une telle crainte réussissait à glacer sur nos lèvres la parole de vérité ?

Deux syndicats

Du Syndicat ? Oui, nous en sommes. Il s'agit seulement de savoir duquel. Il y en a deux qui embrassent le monde et pour lesquels il n'y a ni patrie, ni religion, ni race: le syndicat de la richesse et celui de la pauvreté, la Fédération des Maîtres et celle des Révoltés.

L'heure est venue d'opter, il faut se décider. Notre choix, à nous, est fait. Nous sommes du syndicat de la révolte, contre l'oppression civile et militaire, contre la guerre et l'armée, contre la religion et les prêtres, contre le capital et l'exploitation, contre l'État et les propriétaires, contre toutes les institutions et croyances qui mutilent l'individu, stérilisent l'effort et endolorissent la vie.

Sébastien Faure

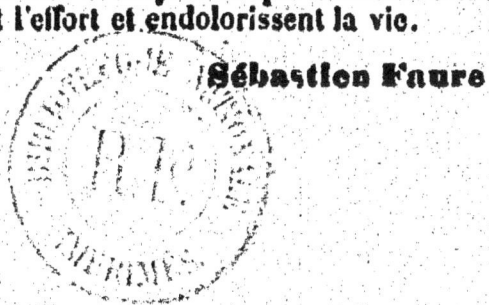

www.ingramcontent.com/pod-product-compliance
Lightning Source LLC
Chambersburg PA
CBHW060908050426
42453CB00010B/1610